# ZÉLINDOR, ROI DES SILPHES,

*BALLET*

*PRE'CE'DE' D'UN PROLOGUE;*

ET DE

# LA PROVENÇALE;

REPRÉSENTÉ PAR L'ACADEMIE ROYALE DE MUSIQUE,

*Le mardi 10 août 1745.*

DE L'IMPRIMERIE
De JEAN-BAPTISTE-CHRISTOPHE BALLARD,
doyen des imprimeurs du Roi, seul pour la musique,
et pour l'académie royale de musique.

A Paris, au mont-Parnasse, ruë saint-Jean-de-Beauvais.

M. DCC XLV.

*AVEC PRIVILEGE DU ROI.*

LE PRIX EST DE XXX SOLS.

# PROLOGUE.

*Les paroles sont de Monsieur* DE MONCRIF, *lecteur de la* REINE, *et l'un des quarante de l'académie françoise.*

*La musique de M. M.* REBEL & FRANCOEUR, *sur-intendans de la musique du* ROI, *et inspecteurs de l'académie royale de musique.*

# ACTEURS CHANTANS,

LA MUSE DE L'HISTOIRE, Mlle Chevalier.
LE GE'NIE DE LA FRANCE, Mr Poirier.
CHOEUR DES MUSES.
CHOEUR DES FAVORIS DES MUSES.
CHOEUR DES JEUX, ET DES PLAISIRS.

---

# ACTEURS DANSANS.

*LES MUSES;*

Mademoiselle Le Breton;
Mesdemoiselles Erny, Lyonois, Carville, Rabon, St. Germain, Rosaly, Thiery, Beaufort.

*LES ARTS;*

Messieurs Dumay, Dupré, Monservin, Matignon.

*JEUX, ET PLAISIRS;*

Monsieur Dupré;
Monsieur Malter-troisiéme;
Messieurs, Levoir, Hamoche, Lafeuillade, Device, Caillez, P-Dumoulin.

---

Les Acteurs des Chœurs sont les mêmes des FESTES DE THALIE.

PROLOGUE.

# PROLOGUE.

Le theâtre repréſente le temple de Mémoire. Parmi les images de pluſieurs Heros de l'antiquité, on voit dans des Medaillons, celles des plus célebres Rois de France.

La Muſe de l'Hiſtoire préſide au milieu des autres Muſes & de leurs favoris.

## SCENE PREMIERE.

LA MUSE DE L'HISTOIRE,
LES MUSES, SUIVANS DES MUSES.

LA MUSE DE L'HISTOIRE.

*C'EST de ce mont-ſacré que ma voix immortelle,*
*Du nom des vrais Heros va remplir l'univers.*
*Muſes, voici le jour de nos plus doux concerts:*
*Ce temple va briller d'une ſplendeur nouvelle.*

*Que les Jeux, les talens naissent de toutes parts;*
*Un Roi jeune, intrépide, heureux, comblé de gloire,*
*A fixé sous ses étendars*
*Les destins, les plaisirs, les arts & la victoire.*

*Qu'un éclatant trophée élevé dans ces lieux,*
*Célébre le Mortel le plus semblable aux dieux.*

Il s'éleve un Trophée orné d'armes & de drapeaux. Les Muses viennent le décorer des divers attributs qui les caractérisent, et qu'elles consacrent à la gloire du Heros.

LA MUSE.

*Audace & sagesse*
*Dans les hazards;*

LE CHOEUR.

*Bonté sans foiblesse;*

LA MUSE.

*Amour des arts;*

LE CHOEUR.

*Prudence & courage;*

LA MUSE.

*Faire aimer ses loix;*

ENSEMBLE.

*Voilà l'assemblage*
*Qui fait les grands Rois.*

LA MUSE.

*Dans ces vainqueurs redoutables,*
*Tyrans des peuples abattus ;*
*On voit des ſuccès mémorables,*
*On demande, où ſont les vertus?*

LE CHOEUR.

*Audace & ſageſſe*
*Dans les hazards ;*

LA MUSE.

*Bonté ſans foibleſſe ;*
*Amour des arts ;*

LE CHOEUR.

*Prudence & courage ;*

LA MUSE.

*Faire aimer ſes loix ;*

ENSEMBLE.

*Voilà l'aſſemblage*
*Qui fait les grands Rois.*

Les Muſes & leurs favoris forment des danſes en embelliſſant le trophée.

LA MUSE.

*Ornez de fleurs vos têtes,*
*Chantez, chantez un Roi l'amour de ses sujets:*
*Quel vainqueur fut jamais*
*Plus digne de vos fêtes?*

*L'objet de ses conquêtes*
*N'est que de triompher dans le char de la Paix.*

On entend un bruit de trompettes.

LA MUSE.

*Mais quelle éclatante harmonie*
*Fait retentir les échos? ...*
*Quel objet vient s'offrir? C'est le puissant Génie,*
*Qui veille sur l'empire où régne mon Héros.*

## SCENE II.

LE GE'NIE DE LA FRANCE dans un char lumineux, soutenu par différens Génies qui lui sont subordonnez, et dont les attributs caractérisent l'art militaire, les arts agréables, le commerce, et les sciences;
LA MUSE DE L'HISTOIRE, LES MUSES, SUIVANS DES MUSES.

LE GE'NIE DE LA FRANCE, posant une couronne de laurier sur le haut du trophée.

*C'Est à moi d'achever cet immortel ouvrage,*
*Je suivois le Heros, j'admirois son courage,*
*Si bien imité par son Fils.*

Après être descendu de son char.

*Muse, j'aime à vous voir lui rendre un juste hommage;*
*Mais toute sa valeur est le moindre héritage*
*Qu'à son ame ont transmis*
*Ses ayeux, dont ce temple offre à vos yeux l'image.*

LA MUSE.

*Pour cet auguste Fils, quel heureux avantage!*
*Ce Prince jeune encore, n'a plus besoin de moi:*
*Ce qu'il voit l'instruit mieux à mériter des temples,*
*Le passé disparoît devant les grands exemples*
*Que vient de lui tracer & son Pere & son Roi.*

LE GE'NIE.

*Heureux sujets ! Roi plus heureux encore,*
*De faire le bonheur d'un peuple qui l'adore !*

LA MUSE.

*Des vrais Heros c'est la felicité.*

LE GE'NIE.

*Que son ame en secret doit être satisfaite*
*Des éloges divers de son peuple enchanté !*
*Ils naissent de la vérité,*
*Et le cœur en est l'interpréte.*

LA MUSE, LE GE'NIE.

*Il doit triompher à jamais,*
*Si les dieux chérissent la terre ;*
*La main qui lance le tonnerre*
*Répand aussi mille bienfaits.*

CHOEUR.

*Il doit triompher à jamais,* &c.

LE GE'NIE.

*Hâtez-vous de paroître,*
*Volez, Plaisirs & Jeux ;*
*Célébrez l'aimable Maître*
*Des peuples les plus heureux.*

Vol des plaisirs.

## SCENE III.

### LES JEUX, LES PLAISIRS;
Et les acteurs de la ſcene précédente.

Les Arts & les Muſes ont enrichi le trophée de divers ornemens; Les Jeux & les Plaiſirs viennent, en danſant y ajouter des fleurs. On danſe.

LE GE'NIE.

*Que de plaiſirs enchanteurs,*
*Vont s'empreſſer ſur les traces*
*Du plus chéri des vainqueurs!*
*Quels triomphes plus flateurs!*
*Il verra la main des Graces*
*Mêler à ſes lauriers les plus aimables fleurs.*

On danſe.

LE GE'NIE, montrant le trophée.

*Ce monument conſacre la mémoire*
*Des exploits d'un grand Roi, des vertus d'un grand cœur;*
*Laiſſons à ſes ſujets le plaiſir & la gloire*
*D'y graver à l'envi, le nom de ce Vainqueur.*

On danſe.

LE CHOEUR.

*Il doit triompher à jamais,*
*Si les Dieux chérissent la terre:*
*La main qui lance le tonnerre*
*Répand aussi mille bienfaits.*

FIN DU PROLOGUE.

---

## *APROBATION.*

J'Ai lû, par ordre de monseigneur le Chancelier, *Le Trophée, Prologue mis en musique*, et je crois que le Public en verra les représentations avec plaisir. A Paris ce 3 août 1745.

DANCHET.

# LA PROVENÇALE,

*Remise au théâtre, le mardi* 10 *août* 1745.

*Les Paroles sont de feu M.* DE LAFONDS.

*La Musique de feu M.* MOURET.

# ACTEURS
## CHANTANS.

| | |
|---|---|
| FLORINE, *jeune Provençale, qui a toujours été renfermée*, | Mlle Metz. |
| NERINE, *Surveillante de Florine*, | Mlle Bourbonnois. |
| CRISANTE, *vieux Tuteur de Florine*, | M[r] Le Page. |
| LEANDRE, *jeune Provençal amoureux de Florine*, | Mr Poirier. |
| UNE MATELOTE, | Mlle Jaquet. |
| UN PROVENCAL, | M[r] De la Tour. |

*Troupes de Provençaux & de Provençales.*

La Scene est dans une Bastide en Provence.

# ACTEURS
## DANSANS.

*PROVENÇAUX ET PROVENÇALES;*

Mademoiſelle Camargo;

Monſieur Malter-3me, Mademoiſelle Dalmand.

Meſſieurs Malter-C., F-Dumoulin, Caillez, Lafeuillade, Levoir, Hamoche.

Meſdemoiſelles Courcelle, St Germain, Puvigné, Thiery, Erny, Beaufort.

# LA PROVENÇALE.

Le théâtre représente un jardin garni d'Orangers, qui n'a d'autre issue que par la mer qui en borne le point de vûe ; le côté de la terre est entouré de hautes murailles.

## SCENE PREMIERE.

NERINE, CRISANTE.

NERINE.

*Ù courez-vous avant le jour?*
*Quel démon si-tôt vous réveille?*

CRISANTE.

*Penses-tu qu'un jaloux, sommeille*
*Quand il est bercé par l'amour?*

*Florine en ce moment redouble mes allarmes,*
*Je m'exerce la nuit à garder ses appas.*

NERINE.

*L'exercice est penible, il ne vous convient pas:*
*Laissez-moi veiller sur ses charmes.*

CRISANTE.

*C'en est fait... Pour Crisante il n'est plus de repos:*
*Mon cœur est saisi d'épouvante,*
*Depuis que chaque jour une Barque galante*
*Vient se promener sur les flots;*
*Elle approche trop de la rive,*
*On entend des concerts cheris dans ces climats;*
*Florine y paroît attentive,*
*Et cent fois sur ces bords elle porte ses pas.*

NERINE.

*Dès que le plaisir se présente*
*La jeunesse vole après lui,*
*Plus elle a ressenti d'ennui*
*Plus sa joye est vive & piquante;*
*Dès que le plaisir se présente*
*La jeunesse vole après lui.*

CRISANTE.

*Du côté de la terre, un mur à triple étage*
*Sert de digue aux soupirs de mille amans divers;*
*Je médite un projet qui déja me soulage...*
*Je veux faire fermer le passage des mers.*

NERINE.

*Il faut, pour achever l'ouvrage,*
*Faire fermer aussi le passage des airs.*

CRISANTE.

*Je crains pour mon amour quelque triste avanture ;*
*Florine, par nos soins élevée en ces lieux,*
*Plus belle que l'astre des cieux,*
*Croit qu'à ses traits naissans le sort a fait injure :*
*J'ai sû par une adroite & nouvelle imposture,*
*Lui faisant d'elle-même un portrait odieux,*
*Donner le change à la nature :*

*Ne perdons pas le fruit d'un art industrieux.*

NERINE.

*Notre sexe n'est pas crédule*
*Quand on l'accuse de laideur ;*
*Et l'objet le plus ridicule*
*Se croit aimable au fond du cœur.*

CRISANTE.

*Florine est simple, elle est naive,*
*Garde-toi bien de la désabuser :*
*Retranchons-lui d'abord l'aspect de cette rive*
*Nous songerons après à l'épouser.*

*Elle vient... elle réve... & sa vûe attentive*
*Sur ces flots que je crains, semble se reposer.*

On voit FLORINE qui se mire sur le rivage.

## SCENE II.

FLORINE, CRISANTE, NERINE.

CRISANTE, à FLORINE.

*A Venir en ces lieux, quel dessein vous engage?*

FLORINE, se mirant dans la mer.

*L'onde est calme sur ce rivage,*
*Elle offre à mes regards un fidel miroir;*
*Malgré tous mes défauts je me plais à m'y voir,*
*C'est mon plus doux plaisir, laissez m'en faire usage.*

NERINE.

*Je vous l'ai déja dit, l'image de vos traits*
*Doit vous faire une horreur extrême.*

FLORINE.

*Cet avis vous convient, profitez-en vous-même;*
*Il semble pour vous fait exprès.*

CRISANTE, à FLORINE.

*Nerine est aimable, elle est belle*
*Je voudrois qu'en beauté vous pussiez l'égaler;*
*Quelle grace! Tout plaît en elle;*

FLORINE.

*J'aime mieux ma laideur, que de lui ressembler.*

à CRISANTE.

à CRISANTE.

*Mais enfin dans mes traits, qu'ai-je donc qui vous blesse?*

CRISANTE, à FLORINE.

*Ils sont trop délicats, il ont trop de finesse;*
*Et vos yeux plein d'un certain feu*
*Sont trop ouverts... Et la bouche trop peu.*
*Vous avez contre vous encor votre jeunesse,*
*Ce vice ne peut s'excuser;*
*Connoissez cependant jusqu'où va ma foiblesse;*
*Malgré tant de défauts, je vais vous épouser...*

*Vous frémissez... Vous changez de visage!*

FLORINE, à part.

*O Ciel! De ce malheur daigne me préserver!*

CRISANTE.

*Je sors pour ordonner un mur sur ce rivage:*

à NERINE.

*Nérine en m'attendant, prens soin de l'observer.*

Il sort.

## SCENE III.

FLORINE, NERINE, qui se tient éloignée pour l'observer.

FLORINE, regardant la mer.

*Mer paisible, où cent fois j'ai cherché mon image,*
*Offrez-moi sur les flots celle de mon Vainqueur.*
*Que n'ai-je pour lui seul mille attraits en partage.*
*Ah! Si j'ose en croire mon cœur,*
*Ce n'est point le hazard, c'est un soin plus flateur*
*Qui l'attire sur ce rivage:*
*Mer paisible, où cent fois j'ai cherché mon image,*
*Offrez-moi sur les flots celle de mon Vainqueur.*

NERINE paroît.

*Ciel! Nerine aura pu m'entendre!*

NERINE.

*Crisante saura tout, j'ai dequoi le surprendre.*

Entrée de Matelots.

NERINE.

*Mais, ô ciel ! De quels sons retentissent ces bords ?...*
*Tout est perdu... C'est la Barque fatale...*
*J'y voi le jeune objet qui cause vos transports.*
*Rentrez :*

FLORINE.

*Non, je demeure.*

NERINE.

*O douleur sans égale !*
*Allons, hâtons-nous de partir,*
*Cherchons par tout Crisante, il le faut avertir.*

## SCENE IV.

LEANDRE, FLORINE, NERINE.

Troupe de Provençaux en Matelots.

LEANDRE, empêchant NERINE de sortir.

*ARête Argus impitoyable,*
*Il y va de tes jours si tu sors de ces lieux.*
à FLORINE.
*Et vous, rassurez-vous, Objet incomparable ;*
*Pour seconder mes vœux, un ami secourable*
*Amuse en ce moment un jaloux odieux ;*
*Et pour me montrer à vos yeux,*
*J'ai saisi l'instant favorable.*

*Le tendre Amour dont je ressens les coups,*
*Soumet à vos attraits l'amant le plus fidèle;*
*Des plus rares beautez vous êtes le modele,*
*Et les Dieux n'ont rien fait de si parfait que vous.*

FLORINE, à NERINE.

*Vous l'entendez Nerine, on dit que je suis belle.*

NERINE, à FLORINE.

*Ne voyez-vous pas bien qu'on se mocque de nous.*

FLORINE, à LEANDRE.

*Vous dites que je suis aimable,*
*Mais je doute de vos discours;*
*On me reproche tous les jours*
*Que mes traits n'ont rien d'agréable.*

LEANDRE.

*Et qui peut vous tenir ce langage odieux?*

*Tout céde au pouvoir de vos yeux,*
*Vous avés plus d'éclat que la naissante Aurore:*
*Vous êtes l'image des Dieux;*
*C'est peu de vous aimer, il faut qu'on vous adore.*

FLORINE.

*Quel langage flateur! Recommencez encore...*

LEANDRE.

*C'est peu de vous aimer, il faut qu'on vous adore.*

NERINE, à part.

*Faut-il perdre en un jour le fruit de tant de ſoins ;*
*Et que mes yeux en ſoient témoins ?*

LEANDRE, à FLORINE.

*Une retraite ſi ſauvage*
*Doit-elle être faite pour vous ?*
*Souffrez que comme amant et bientôt comme Epoux,*
*Je finiſſe votre eſclavage :*
*Et tandis que votre jaloux*
*Eſt par mes ſoins occupé loin de nous,*
*Que nos concerts ſoient mon premier hommage.*

DANSE DES MATELOTS.

LEANDRE à FLORINE.

*Jeune Beauté, c'eſt dans vos yeux*
*Que les Amours prennent leurs armes ;*
*Qu'au bruit de nos concerts ils volent en ces lieux ;*
*Qu'ils y faſſent briller leurs charmes.*

CHOEUR.

*Jeune Beauté, c'eſt dans vos yeux*
*Que les Amours prennent leurs armes ;*
*Qu'au bruit de nos concerts ils volent en ces lieux,*
*Qu'ils y faſſent briller leurs charmes.*

On danſe.

## UNE MATELOTTE.

*Triomphe en ces lieux, tendre Amour;*
*Que la beauté serve à ta gloire;*
*Mais qu'elle ait part à la victoire,*
*Fais-la triompher à son tour.*
*C'est pour des objets pleins de charmes*
*Que tu dois réserver tes traits;*
*Blesser quelqu'objet sans attraits,*
*Ce seroit profaner tes armes.*

On danse.

## UN PROVENÇAL, ET LE CHOEUR.

Vonte que la Beauta s'esconde,
L'Amour saou ben leou la trouva:
Son la gau son l'ame dou monde
Per s'uni toutei dous son fa.

### SENS DES PAROLES.

Quelque part que la Beauté se cache,
L'Amour sait bientôt la trouver:
Ils sont la joye & l'ame du monde,
Ils sont faits pour s'unir tous deux.

LE PROVENÇAL.

Quant uno filletto ei poulidou,
Tarde guaire de s'escouta;
Car toujour lou plaisi ly cridou
Qu'ei d'in l'age de l'ou gousta.

On danse.

Quand une jeune fille est jolie,
Elle ne tarde guere à s'écouter;
Car sans cesse le plaisir lui crie
Qu'elle est dans l'âge de le gouter.

LEANDRE, à FLORINE.

*Venez belle Florine,*
*Partons, embarquons-nous;*
*Venez charmer l'époux*
*Que l'amour vous destine;*
*Suivez-moi...*

FLORINE.

*Ciel! Que dites-vous?...*

LEANDRE.

*Craignez le retour d'un jaloux:*
*Mais, je le vois...*

FLORINE, appercevant CRISANTE.

*O Dieu!... Je cesserai de vivre*
*Si son projet fatal seconde son couroux.*

LEANDRE.

*Souffrez que je vous en délivre...*
*L'Himen va nous unir par les nœuds les plus doux.*

FLORINE.

*Vous voulez m'épouser... Je consens à vous suivre.*

## SCENE DERNIERE.

CRISANTE,

*Et les Acteurs de la Scene précédente.*

FLORINE monte avec LEANDRE ſur le Tillac de la Barque, et laiſſe NERINE avec CRISANTE. Ils veulent l'un & l'autre courir après FLORINE: Mais on forme une danſe en rond, qui les enferme.

CRISANTE, voyant qu'on lui enleve FLORINE.

*O Rage! O deſeſpoir... Perfides Matelots...*
*Ah! Rendez à mes cris une beauté ſi chere...*
*Ingrate! Tu me fuis... Hélas, que dois-je faire?...*
*Si je te perds, je vais m'abîmer dans les flots.*

FLORINE, deſſus le Tillac, à CRISANTE.

*D'où vient cette fureur nouvelle,*
*Vous perdez peu, vous le ſavez,*
*Je ſuis laide; Nerine eſt belle,*
*Epouſez-là, ſi vous pouvez.*

FIN DE LA PROVENÇALE.

---

L'Aprobation & le Privilege, au Livre des Fêtes de Thalie.

# ZÉLINDOR, ROI DES SILPHES.

## *BALLET*

REPRÉSENTÉ DEVANT LE ROI,

À EN SON CHATEAU DE VERSAILLES,

*Le mercredi* 17 *mars* 1745;

ET PAR L'ACADEMIE ROYALE DE MUSIQUE.

*Le mardi* 10 *du mois d'août* 1745.

# ACTEURS CHANTANS.

ZE'LINDOR, *roi des Silphes*, Mr Jelyotte.

ZIRPHE', *mortelle aimée de* ZE'LINDOR, Mlle Chevalier.

ZULIM, *Silphe*, *confident de* ZE'LINDOR, Mr Albert.

CHOEUR DE NIMPHES.

UNE NIMPHE, Mlle Coupée.

CHOEUR DE GENIES ELEMENTAIRES, SILPHES, GNOMES, ONDINS, SALAMANDRES.

UNE SILPHIDE, Mlle Coupée.

---

## PREMIER DIVERTISSEMENT.

### *NIMPHES.*

Mademoiſelle Le Breton ;

Meſdemoiſelles Courcelle, St Germain, Rabon, Carville, Erny, Rozaly, Thiery. Beaufort.

## *SECOND DIVERTISSEMENT,*

### GENIES ELEMENTAIRES.

*GNOMES.*

Monſieur D-Dumoulin;

Meſſieurs Dumay, Malter-C., P-Dumoulin.

*ONDINES.*

Mademoiſelle Le Breton;

Meſdemoiſelles Courcelle, St Germain, Beaufort.

*SALAMANDRES.*

Monſieur Pitro;

Monſieur Malter-troiſiéme;

Meſſieurs Monſervin, Matignon, De Vice.

*SILPHIDES.*

Mademoiſelle Camargo;

Mademoiſelle Dalmand;

Meſdemoiſelles Erny, Thiery, Puvigné.

ZELINDOR,

# ZÉLINDOR, ROI DES SILPHES,

## *BALLET*

REPRÉSENTÉ DEVANT LE ROI,

A

EN SON CHATEAU DE VERSAILLES;

*Le mercredi 17 mars 1745.*

DE L'IMPRIMERIE

De BALLARD, doyen des imprimeurs du Roi, ſeul pour la muſique.

---

M. DCC XLV.

*Par exprès commandement de Sa Majeſté.*

*Les paroles sont du Sieur* DE MONCRIF, *lecteur de* LA REINE, *et l'un des quarante de l'académie françoise.*

*La musique des Sieurs* REBEL & FRANCOEUR, *sur-intendans de la musique du* ROI, *et inspecteurs de l'académie royale de musique.*

# ACTEURS CHANTANS.

ZE'LINDOR, *roi des Silphes*, Le Sr Jelyotte.

ZIRPHE', *mortelle aimée de* ZE'LINDOR, La D[elle] Le Maure.

ZULIM, *Silphe, confident de* ZE'LINDOR, Le S[r] De Chassé.

CHOEUR DE NIMPHES.

UNE NIMPHE, La D[elle] Fel.

CHOEUR DE GENIES ELEMENTAIRES;

SILPHES, GNOMES, ONDINS, SALAMANDRES.

UNE SILPHIDE, La D[elle] Fel.

## PREMIER DIVERTISSEMENT.

### *NIMPHES.*

La Demoiselle Sallé,

Les Demoiselles Dalmand, Le Breton;

Les Demoiselles Rabon, Carville, Erny, Rozaly, Courcelle, St Germain, Beaufort, Thiery.

## SECOND DIVERTISSEMENT.

### GENIES ELEMENTAIRES.

### *GNOMES.*

Le Sieur D-Dumoulin;

Les Sieurs Matignon, P-Dumoulin, Dupré.

### *ONDINES.*

La Demoiselle Dalmand;

Les Demoiselles Courcelle, St Germain, Beaufort.

### *SALAMANDRES.*

Le Sieur Pitro;

Le Sieur Malter-troisiéme;

Les Sieurs Monservin, Gherardi, De Vice.

### *SILPHIDES.*

La Demoiselle Camargo;

La Demoiselle Le Breton;

Les Demoiselles Erny, Thiery, Puvigné.

# ZÉLINDOR, ROI DES SILPHES.

Le théâtre représente une campagne ornée d'arbres, de gazons, de fleurs, et semée en quelques endroits de rochers : On voit descendre deux Silphes portés sur des nuages d'azur & de lumiere ; l'un des Silphes tient un scéptre.

## SCENE PREMIERE.

ZE'LINDOR, ZULIM.

ZULIM.

*N souverain Génie adore une mortelle !*
*Quoi ! Vous, Silphe enchanteur, qui régnez dans les airs,*
*Vous n'êtes point flatté d'avoir donné des fers*
*A la Silphide la plus belle ?*

ZELINDOR.

*Hé! Comment ne pas m'enflammer*
*Pour l'aimable objet qui m'enchante?*
*Une Silphide sait aimer,*
*Mais une mortelle est charmante.*
*Hé! Comment ne pas m'enflammer*
*Pour l'aimable objet qui m'enchante?*

*Oui, la jeune Zirphé m'a conduit en ces lieux:*
*Par mille enchantemens, mon art ingénieux*
*Prévient ses vœux, l'étonne & l'amuse sans cesse:*
*Cent fois pendant les nuits,*
*Les songes que j'instruis*
*Lui peignent mon image, annoncent ma tendresse.*
*J'ai soin qu'à sa félicité*
*Tout conspire dans la nature;*
*Cherche-t'elle ses traits au sein d'une onde pure?*
*Elle y voit les Amours couronner sa beauté.*

*Ce matin encore,*
*Portant sur ce gazon ses regards enchanteurs,*
*Elle lisoit ces mots, formez par mille fleurs:*
Zirphé, Qui vous voit vous adore.

ZULIM.

*On ſait que vous aimez ;*
*Annoncez vous-même*
*Les vœux que vous formez.*
*On ſait que vous aimez ;*
*Croyez qu'on vous aime.*

ZE'LINDOR.

*Laiſſe-moi m'armer conſtamment*
*Contre une flatteuſe chimere ;*
*On ne croit que trop aiſément*
*Poſſeder le talent de plaire.*

ZULIM.

*Eſt-ce à vous de craindre en aimant ?*
*Hé ! Que faut-il encore*
*Pour être heureux amant ?*
*Vous êtes Roi, jeune & charmant ;*
*Et vous doutez qu'on vous adore ?*
*Vous êtes Roi, jeune & charmant ;*
*Hé ! Que faut-il encore*
*Pour être heureux amant ?*

ZE'LINDOR.

*Connois le cœur d'une mortelle ;*
*Toujours ſenſible & rarement fidéle,*
*A de nouveaux plaiſirs il ſe laiſſe emporter.*

*Comme un Zéphir qui careſſe*
*Une fleur ſans s'arrêter,*
*Une volage maîtreſſe,*
*En flattant notre tendreſſe,*
*S'empreſſe de nous quitter,*
*Comme un Zéphir qui careſſe*
*Une fleur ſans s'arrêter.*

*Dans le cœur de Zirphé, par un art infaillible ;*
*Je vais découvrir en ce jour,*
*Si c'eſt l'orgueil de plaire, ou le plus tendre amour*
*Qui la fait paroître ſenſible :*

*Mais elle porte ici ſes pas ;*
*Contemplons ſes beaux yeux qui ne me verront pas.*
*Ce ſcéptre que je tiens va me rendre inviſible.*

ZE'LINDOR touche ZULIM de ſon ſcéptre, ZULIM devient inviſible pour ZIRPHE', et reſte ſur la ſcene avec ZE'LINDOR.

## SCENE II.

ZIRPHE', ZE'LINDOR sans être apperçu de ZIRPHE', et s'occupant toujours d'elle.

ZIRPHE'.

*Pourquoi me refuser le plaisir de vous voir?*
*Cher Enchanteur, volez, remplissez mon espoir.*

*Dieux! A mon trouble extrême*
*Puis-je m'accoutumer?*
*Quoi! J'aime autant qu'on peut aimer,*
*Et je n'ai point vû ce que j'aime?*

*Pourquoi me refuser le plaisir de vous voir?*
*Cher Enchanteur, volez, remplissez mon espoir.*

*Si j'en crois mon impatience,*
*Si j'en crois de mon cœur l'heureux pressentiment,*
*Votre plus doux enchantement*
*Doit naître de votre présence.*

*Pourquoi me refuser le plaisir de vous voir?*
*Cher Enchanteur, volez, remplissez mon espoir.*

*Un ſonge cette nuit me traçoit votre image :*
*Vous paroiſſiez charmant, vous traverſiez les airs,*
*J'entendois d'aimables concerts*
*Eclater à votre paſſage :*
*Des arbres, des rochers, en Nimphes transformez,*
*Par des jeux me rendoient hommage :*
*Ah ! Si de ces objets mes ſens étoient charmez,*
*Croyez...*

ZE'LINDOR, ſans être vû de ZIRPHE'.

*Belle Zirphé, que ce qui peut vous plaire,*
*Pour vous jamais ne ſoit un bien trompeur ;*
*Qu'une chimere*
*Qui vous eſt chere,*
*Au même inſtant, ceſſe d'être une erreur.*

*Songes, qui flattiez ce que j'aime,*
*Devenez une vérité.*

Les arbres & les rochers ſont changez ſucceſſivement en Nimphes.

## SCENE III.

ZIRPHE', ZE'LINDOR,

NIMPHES.

ZIRPHE'.

*Que vois-je? Non, malgré votre pouvoir suprême,*
*Si vous ne vous offrez vous-même,*
*Non, vous ne faites rien pour ma félicité.*

On danse.

CHOEUR DE NIMPHES, à ZIRPHE'.

*Il faut que tout seconde*
*Ou prévienne vos vœux*
*Le plus aimable objet du monde*
*Doit être encor le plus heureux.*

On danse.

UNE NIMPHE.

*Sur vos pas, par quel charme admirable*
*Les plaisirs viennent se rassembler?*
*Près de vous, tout devient aimable,*
*Tout s'empresse à vous ressembler.*

*Régnez au gré de votre envie,*
*Voyez triompher vos desirs;*
*N'ayez d'autres soins dans la vie,*
*Que d'imaginer des plaisirs.*

*Sur vos pas, par quel charme admirable*
*Les plaisirs viennent se rassembler?*
*Près de vous, tout devient aimable,*
*Tout s'empresse à vous ressembler.*

On danse.

ZIRPHE', interrompant les danses des NIMPHES.

*C'en est assez;*

Les NIMPHES se retirent, & marquent par des attitudes, leur regret de quitter ZIRPHE'.

*Ah! Paroissez enfin.*
*Venez, cher Enchanteur... Je vous appelle envain...*

*Vous triomphez de l'amour qui m'enflamme,*
*Charmer est votre seul plaisir;*
*Non, vous n'aimez qu'à tourmenter une ame,*
*Et vous ne pouviez mieux choisir.*

ZE'LINDOR, toujours invisible pour ZIRPHE'.

*Ah! Jugez mieux d'un cœur qui vous adore,*
*Et n'accusez que vous, si je me cache encore.*

*Je regne dans les airs sur des peuples charmans;*
*Si vous êtes sensible à l'ardeur qui m'inspire,*
*Vous pouvez, dès ce jour, partager mon empire;*
*Vous pouvez posseder l'art des Enchantemens:*
*Mais, malgré ce bonheur que je vous fais connoître,*
*Dès que vous pourrez savoir*
*A quel prix le destin me permet de paroître;*
*Aimable Zirphé, peut-être,*
*Vous ne voudrez plus me voir?*

ZIRPHE'.

*Quelle injustice extrême!*
*Le plaisir de voir ce qu'on aime*
*Recompense cent fois de ce qu'il doit couter:*
*Déclarez ce secret: Qui peut vous arrêter?*

ZE'LINDOR, toujours invisible pour ZIRPHE'.

*Hébien, il faut céder à votre impatience.*
*A vos regards, dès que je m'offrirai,*
*Si pour moi votre cœur est dans l'indifférence*
*Ordonnez mon exil; hélas! J'obéirai:*

*Plus heureux, si l'Himen nous unit l'un à l'autre;*
*Mon sort sera charmant; mais apprenez le votre.*

*Vos yeux, ces yeux si beaux, en redoublant mes fers,*
*Perdront sur tous les cœurs leur empire ordinaire;*
*Je serai dans tout l'univers,*
*Le seul amant à qui vous pourrez plaire.*
*Parlez...*

ZIRPHE', avec vivacité.

*Oui j'y consens, je le veux, paroissez.*

Elle apperçoit le Génie qui a jetté son scéptre, et qui tombe à ses genoux.

*Ah! Gardez-vous de jamais disparoître.*

ZE'LINDOR, aux genoux de ZIRPHE'.

*Vous savez nos destins, hâtez-vous, prononcez...*

ZIRPHE', relevant ZE'LINDOR.

*Non, vous n'exigez pas assez*
*Pour le prix du plaisir qu'on trouve à vous connoître.*

ZE'LINDOR.

*L'empire de mon cœur pourra vous contenter!*

ZIRPHE'.

*Quand on charme l'amant qui sait nous enchanter,*

*A d'autres yeux, que sert-il d'être belle?*
*Je n'aurai rien à regretter,*
*Si vous m'êtes toujours fidélle.*

ZE'LINDOR.

*Elle aime! Amour, je sens le plus heureux transport.*
*Zirphé, sortez d'erreur, & connoissez ma flamme:*
*C'étoit pour éprouver votre ame*
*Que je vous annonçois un vain arrêt du sort:*
*Non, vous plairez toujours, tout vous rendra les armes,*
*Mille cœurs vous seront offerts;*
*Hé! Quel pouvoir dans l'univers,*
*Borneroit celui de vos charmes?*

ENSEMBLE.

*Ah! Combien vous m'aimerez,*
*Si mon cœur sert de modéle!*
*Qu'avec plaisir vous formerez*
*Les nœuds d'une chaîne éternelle!*

ZE'LINDOR.

*Embellissez ce fortuné séjour*
*Peuples des Elemens, venez ici vous rendre;*
*Voyez unir, par les mains de l'Amour,*
*Le plus charmant objet, et l'amant le plus tendre.*

Le théâtre change, et repréſente le palais du Roi des Silphes.

## SCENE IV.

ZIRPHE', ZE'LINDOR, ZULIM, GE'NIES ELEMENTAIRES, SILPHES, GNOMES, ONDAINS, SALAMANDRES.

ZE'LINDOR.

*QUE dans les airs vos chants harmonieux,*
*Que le feu, que la terre & l'onde,*
*Que tout rende hommage à des yeux*
*La gloire & le charme du monde.*

CHOEUR.

*Que dans les airs nos chants harmonieux,*
*Que le feu, que la terre & l'onde,*
*Que tout rende hommage à des yeux*
*La gloire & le charme du monde.*

On danſe.

ZULIM, à ZIRPHÉ.

*Des Silphes vos ſujets, les vœux vous ſont offerts,*
*Sachez quel eſt leur ſort dans l'empire des airs.*

*Notre art chaqu'inſtant fait éclore*
*Quelqu'évenement enchanteur ;*
*Et l'habitude du bonheur*
*Nous le fait mieux gouter encore.*

*Animez des plus doux deſirs,*
*Jamais l'ennui ne nous livre la guerre ;*
*Tandis que tout dort ſur la terre,*
*Pour tout repos nous changeons de plaiſirs.*

On danſe.

UNE SILPHIDE, à ZIRPHÉ.

*Quel amant ſous vos loix s'engage !*
*Que de fleurs vont former vos fers !*
*L'Enchanteur qui vous rend hommage*
*Vous éleve au trône des airs.*
*Quels plaiſirs vous ſont offerts !*

*Que votre empire*
*Doit vous charmer !*
*On n'y respire*
*Que pour aimer.*

On danse.

CHOEUR DE SILPHIDES.

*Vos destins changent leur cours ;*
*Vous cessez d'être mortelle,*
*Pour n'avoir que de beaux jours ;*
*Et pour être toujours belle.*

LA SILPHIDE.

*Ah ! Ah ! Quel bien est plus doux !*
*Ah ! Qu'il est digne de vous !*

*Que votre empire*
*Doit vous charmer !*
*On n'y respire*
*Que pour aimer.*

LE CHOEUR.

*Ah! Ah! Quel bien eſt plus doux!*
*Ah! Qu'il eſt digne de vous!*

LA SILPHIDE.

*Que votre empire*
*Doit vous charmer!*

LE CHOEUR.

*On n'y reſpire*
*Que pour aimer.*

On danſe.

CHOEUR DES GENIES.

*Que dans les airs nos chants harmonieux,*
*Que le feu, que la terre & l'onde,*
*Que tout rende hommage à des yeux*
*La gloire & le charme du monde.*



FIN DU BALLET.

www.ingramcontent.com/pod-product-compliance
Lightning Source LLC
LaVergne TN
LVHW010005230826
846092LV00002B/657